EDITH SÖDERGRAN

LA MUJER QUE NO ES

Selección y Prólogo por Francisca Alfaro
Traducción por Roberto Mascaró

EDITH SÖDERGRAN

LA MUJER QUE NO ES

La mujer que no es ©
Edith Södergran, 1916 – 1925
Traducción al español de Roberto Mascaró ©
Selección y prólogo de Francisca Alfaro ©
Copyright © Editorial del Gabo, 2015
Colección EDDA #3 / 2015
ISBN: 978-0-692-39936-1

Arte exterior: Carlos Rosales
Diagramación: Sirius Studio

Editorial del Gabo
San Salvador, El Salvador, Centro América
editorialdelgabo.blogspot.com • ⓕ /editorialdelgabo

Agradecemos que el costo de esta traducción fue sufragado por
una subvención del Gobierno de Finlandia a traves de FILI

Edith Södergran y la Mujer que No Es

Edith Södergran Es una poeta sueco-finlandesa nacida el 4 de abril de 1892 y fallecida tempranamente en 1923. Una primera impresión al leer su producción poética nos envuelve en la voz exclusiva de un ser que emerge entre los siglos convulsos de la modernidad. El panorama de su poesía está marcado claramente por el contexto de las revoluciones en el lenguaje y por la revolución rusa. La poesía como sostiene Octavio Paz es un acto de amor y de espiritualidad: *"En el encuentro amoroso, en la imagen poética y en la teofanía se conjugan sed y satisfacción: somos simultáneamente fruto y boca, en unidad indivisible"*[1]. En Edith así lo podemos evidenciar como una reverberación de acentos instintivos sobre el paso de los días. Una libertad incalculada y no caduca inunda de manera muy preclara cada voz y momento de su producción. Expresionista, anárquica y formalmente muy modernista esta poeta construye una poética de la voz femenina que trasciende los arquetipos y los círculos semánticos de la mera liberación femenina.

La influencia del ruso, el alemán, el sueco y el finlandés estarán en sus primeras obras, más a partir de la evolución de construcción formal de su literatura se declinará por el sueco. La cercanía con círculos de antropólogos y filólogos como Hugo Bergoth y otros poetas, entre éstos la escritora Hagar Olsson, le llevarían a contar con opiniones tempranas y oportunas para la depuración de su poesía así como para franquear con audacia una posición más íntima respecto a la interioridad y esa relación dialéctica o dialógica con el mundo. Un hecho importante, que marca vitalmente su esfera íntima, fue su padecimiento de tuberculosis lo que la llevaría a viajar a Suiza junto con su madre e internarse en reiteradas ocasiones en nosocomios para tratar su enfermedad. Eso es tangible desde sus primeros poemas (1916) donde la conversación con el exterior es evidente, donde la trascendencia hacia un estado neutro también es importante: *"No soy una mujer. Yo soy un neutro./Soy un niño, un paje y una audaz decisión,/soy un rayo que ríe en un sol escarlata.../Una red para todos los peces voraces,/un brindis en honor de todas las mujeres,/un paso hacia el azar y hacia la perdición,/ un salto a la libertad y hacia el propio yo..."*. Estado neutro porque su poesía tiene vínculos con los grandes abismos de la escritora: muerte, infancia, eros, silencios, poder, materia y otros grandes campos del estado interior donde se convierte la crisis de la voz en la expresión inequívoca de una mujer que no se inscribe ni quiere en un arquetipo, sino en la urgencia de decir lo que se ha aprendido desde la soledad.

---

[1] El Arco y la Lira. Fondo de Cultura Económica.

Su poesía está básicamente comunicada a través de cuatro obras: *Poemas*, en 1916, *Lira de septiembre*, en 1918, *El altar de rosas*, en 1919 y *La sombra del futuro,* en 1920. En 1925 se publica en forma póstuma *El país que no es*, que reúne su producción dispersa producida desde antes de 1916 hasta 1923, año de su muerte. Como lo apunta la selección y nota de Roberto Mascaró en Edith Södergran *Poemas selectos* su poesía es entendible no sólo en la fuerza de la renovación de la emoción del *yo* sino en la formalidad que encuentra en un ritmo de imágenes que junto con otros nombres como Gunnar Björling, Rabbe Enckell, Elmer Diktonius, Henry Parland se denominó modernismo sueco-finlandés o *finlandssvensk modernism.*

La dureza de la Revolución rusa, la tuberculosis, los amores y círculos de la vida le llevarían a tener dudas y claridades más bien transitorias. La fragmentación de esas luces y de su forma al escribir queda expresamente manifiestas en la continuidad en los títulos y temáticas de sus tres primeros poemarios. En su último poemario hay madurez extrema, menos extensión pero una elocuente manera de desdibujar la utopía de sus primeros poemas. Los signos desde los que nace como poeta: la casa, la tarde, el ocaso, la primavera, la rosa, adquieren el poemario póstumo *El país que no es* una dimensión más simple, pero más segura de lo insondable y de lo miserable que resulta la realidad humana .

Lo humano en contrapeso con lo inefable está expuesto en ese estrecho lazo con la filosofía y la literatura alemana, grandes influencias se advierten con Heindrich Heine, Goethe y Nietzsche. Al respecto de este último, en el poemario *Lira de septiembre*, el poema dedicado a éste filósofo expresa una afinidad tutelar y casi religiosa: *"Desafiante estoy yo sobre tu tumba/como burla: más bello de lo que tú soñaras./¡Padre extraño!/Tus hijos no te han de traicionar,/Con el porte de dioses andarán por el mundo."* De allí deviene también abarcar en esta relación con la filosofía su imagen en el mundo de la luz, aún más oscuro en algunas poéticas y con ello el signo de lo moderno.

Es válido hablar de escritora modernista así como se le relaciona generacionalmente con Katri Vala. Sin afán por expresar el lenguaje no es otra cosa más que un instrumento para decir, en la poesía modernista, éste dimensiona no sólo la relación entre lo emotivo y lo exterior sino otras esferas de existencia, es decir la emergencia de luz, de saber, de diálogos con otros textos y contextos sociales. Roberto Mascaró y Christian Anwandter Donoso reseñarán de manera muy formal y con entusiasmo el yo de Edith en las transiciones y las búsquedas de la emoción. Para Dámaso Alonso es la emoción, más allá de los preludios de la razón; el vínculo entre la imagen y el lenguaje, la forma por excelencia de la poesía. En la poesía de Edith está más que claro el efecto de la vida y el fluir lúcido a través de un lenguaje propio. También conviene anotar que su último poemario, publicado de forma póstuma, contiene el título de uno de sus poemas más trascendentes, es decir "El país que nos es". En él busca hablar de un experiencia de negación, pero no exterior plenamente sino bajo la metáfora de la negación de ella respecto a otro, simbolizado en la palabra tierra. En esta edición se presentan dos versiones del mismo poema, donde se pueden hacer dos lecturas distintas dependiendo de la óptica de genero de la escritora, con su feminidad a galope, o con su neutralidad característica.

Leer y estudiar la poesía de Edith Södergran es imprescindible no sólo para las mujeres escritoras ni sólo para los grupos de críticos literarios sino también para aquellos lectores que se redescubren en la voces humanas que trascienden su tiempo para profetizarse. La crítica y algunas valoraciones simplistas podrán apuntar el efecto de lo lírico, lo bucólico, lo intimista como un camino ya transitado; sin embargo, la poética de la emoción y del desencuentro con los diagramas modernos también existe como un hilo más complejo de lo que parece. No sólo se trata de la decadencia o de lo anárquico de la vida sino de ser excepcionalmente un modo de vida y de argumentar esa conspiración en contra de todo lo que socava la necesidad de ser libre. Así apreciamos la poesía de Edith desde su voz conspirativa contra la totalidad. Nos neutralizamos y nos fragmentamos.

En hora buena, usted lector que se deja atravesar por la poesía. Está frente a una voz insondable pero muy lúcida en lo que quiere ser. Lea a Edith y concluya usted si habrá otras maneras de apreciar su gran aporte a la literatura de todos.

La presente selección contiene cuarenta y dos poemas de la totalidad de los cuatro poemarios de la autora. Agradecimientos especiales al poeta y editor Andrés Norman Castro por su interés en publicar la obra de Edith. La selección obedece a criterios de expresión clave de la poética de la autora, así mismo a la presentación panorámica de su evolución poética. Esperaremos que otros poetas, lectores y estudiosos hagan suya la tarea de leerle y hacerla visible para otros tantos sedientos de gran literatura.

Francisca Alfaro
Poeta salvadoreña

de POEMAS (1916)

DET GAMLA HUSET

Hur nya ögon se på gamla tider
likt främlingar som intet hjärta ha...
Jag längtar bort till mina gamla gravar,
min sorgsna storhet gråter bittra tårar
dem ingen ser.
Jag lever kvar i gamla dagars ljuvhet
bland främlingar som bygga nya städer
på blåa kullar upp till himlens rand,
jag talar sakta med de fångna träden
som tröstar dem ibland.
Hur långsamt tiden tingens väsen tär,
och ljudlöst trampar ödets hårda häl.
Jag måste vänta på dem milda döden
som bringar frihet åt min själ!

LA CASA VIEJA

Cómo ojos nuevos ven los viejos tiempos,
como extranjeros que no tienen corazón...
Yo echo de menos mis antiguas tumbas,
mi triste grandeza llora amargas lágrimas
que nadie ve.
Yo vivo aún en viejos, dulces días,
entre extranjeros que crean nuevas ciudades
en colinas azules que suben hacia el cielo;
con árboles cautivos hablo en calma
y a veces los consuelo.
Qué lento el tiempo gasta la esencia de las cosas,
y en silencio al destino pisa duros talones.
Debo esperar por esa muerte suave
¡que a mi alma le brinde libertad!

HÖSTENS DAGAR

Höstens dagar äro genomskinliga
  och målade på skogens gyllne grund...
Höstens dagar le åt hela världen.
Det är så skönt att somna utan önskan,
mätt på blommorna och trött på grönskan,
  med vinets röda krans vid huvudgärden...
Höstens dag har ingen längtan mer,
dess fingrar äro obevekligt kalla,
i sina drömmar överallt den ser,
hur vita flingor oupphörligt falla...

DÍAS DE OTOÑO

Transparentes son los días del otoño
pintados en el suelo dorado de este bosque...
Los días del otoño sonríen a todo el mundo.
Es tan bello dormirse sin deseos,
colmada por las flores y harta de la hierba,
con diadema de vino en la cabeza...
El día del otoño ya no tiene nostalgia,
inevitablemente fríos son sus dedos,
en sus sueños él ve por todas partes
cómo los copos blancos caen constantemente...

JAG

Jag är främmande i detta land,
som ligger djupt under det tryckande havet,
solen blickar in med ringlande strålar
och luften flyter mellan mina händer.
Man sade mig att jag är född i fångeskap-
här är intet ansikte som vore mig bekant.
Var jag en sten, den man kastar hit på bottnen?
Var jag en frukt, som var för tungför sin gren?
Här ligger jag på lur vid det susande trädets fot,
hur skall jag komma upp för de hala stammarna?
Däruppe mötas de raglande kronerna,
där vill jag sitta och speja tu
efter röken ur mitt hemlands skorstenar...

YO

Yo soy una extraña en esta tierra;
abajo, en lo hondo del pesado mar;
entra el sol con rayos enroscados
y el aire que fluye entre mis manos.
Me han dicho que nací en cautiverio:
aquí no hay ni un rostro que me sea conocido.
¿Fui una piedra arrojada hasta este fondo?
¿Fui una fruta pesando en una rama?
Al pie del árbol yazgo, escucho ese susurro,
¿cómo he de subir por troncos resbalosos?
Allá arriba se encuentran las rizadas copas,
allí quisiera yo estar observando
humos de chimeneas de mi tierra.

VIOLETTA SKYMNINGAR...

Violetta skymningar bär jag i mig ur min urtid,
nakna jungfrur lekande med galopperande centaurer...
Gula solskensdagar med granna blickar,
endast solstrålar hylla värdigt en ömsint kvinnokrop...
Mannen har icke kommit, har aldrig varit, skall aldrig bli...
Mannen är en falsk spegel den solens dotter
            vredgad kastar mot klippsväggen,
mannen är en lögn, den vita barn ej förstå,
manner är en skämd frukt den stolta läppar försmå.
Sköna systrar, högt upp på de starkaste klipporna,
vi äro alla krigarinnor, hjältinnor, rytarinnor,
oskuldsögon, himmelspannor, rosenlarver,
tunga bränningar och förflugna fåglar,
vi äro de minst väntade och de djupast röda,
tigerfläckar, spända strängar, stjärnor utan svindel.

RESPLANDORES VIOLETA

Resplandores violeta de mis orígenes llevo en mí,
vírgenes desnudas jugando con centauros que corren...
Días de sol amarillos con miradas magníficas,
sólo rayos de sol dignifican un delicado cuerpo de mujer...
El hombre no ha venido, no ha existido, y nunca ha de ser...
El hombre es falso espejo que esa furiosa hija del sol arroja a las rocas,
El hombre es la mentira que no entiende el blanco niño;
El hombre es fruta podrida que el labio altivo aparta.
Bellas hermanas, venid hacia las rocas más altas y más fuertes,
somos todas guerreras, heroínas, amazonas,
ojos núbiles, arcos celestiales, larvas de rosas,
duras rompientes y pájaros que huyen,
somos lo menos esperado y del más puro rojo,
manchas de tigre, cuerdas tensas, estrellas sin vértigo.

VIERGE MODERNE

Jag är ingen kvinna. Jag är ett neutrum.
Jag är ett barn, en page och ett djärv beslut,
jag är en skrattane strimma av en scharlakanssol...
Jag är ett nät för alla glupska fiskar,
jag är en skål för alla kvinnors ära,
jag är ett steg mot slumpen och fördärvet,
jag är ett språng i friheten och självet...
Jag är blodets visknings i mannens öra,
jag är en själens frossa, köttets längtan och förvägran,
jag är en ingångsskylt till nya paradis.
Jag är en flamma, sökande och käck,
jag är ett vatten, djupt men dristigt upp till knäna,
jag är eld och vatten i ärlig sammanhang på fria villkor...

VIERGE MODERNE

No soy una mujer. Yo soy un neutro.
Soy un niño, un paje y una audaz decisión,
soy un rayo que ríe en un sol escarlata...
Una red para todos los peces voraces,
un brindis en honor de todas las mujeres,
un paso hacia el azar y hacia la perdición,
un salto a la libertad y hacia el propio yo...
Un susurro de sangre al oído del hombre,
una escarcha del alma, nostalgia y negación de la carne,
un cartel a la entrada de nuevos paraísos.
Una intrépida llama buscadora,
un agua profunda que sube a la rodilla, agua y fuego
en franca comunión, sin condiciones...

KVÄLL

Jag vill ej höra den sorgsna sagan
skogen berättar.
Det viskar ännu länge mellan granarna,
det suckar ännu länge uti löven,
ännu länge glida skuggor mellan de dystra stammarna.
Kom tu på vägen. Där möter oss ingen.
Kvällen drömmer blekröd kring tigande dikesren.
Vägen löper långsamt och vägen stiger varligt
och ser sig länge om efter solens sken.

NOCHE

Yo no quiero oír la triste historia
que el bosque cuenta.
Susurra aún más tiempo entre las ramas,
suspira aún más tiempo sobre las hojas,
más tiempo aún resbalan las sombras entre los troncos sombríos.
Sal al camino. Nadie allí nos encuentra.
Rojo pálido sueña la noche en torno a zanjas suplicantes.
El camino corre lentamente y el camino sube cautelosamente
y contempla largo rato el resplandor del sol.

LÅT INTE DIN STOLTHET FALLA...

Låt ej din stolthet falla,
skrid ej du nakna
i hans armar ömt,
gå hellre bort i tårar
dem världen aldrig skådat
och aldrig dömt.

Det vore lätt och enkelt för rena barnahjärtan
att följa lyckans spår,
men våra själar kunna endast ryssa.
För den som skådat smutsen i fröjdens korta vår
det intet återstår
än het förfrysa.

NO DEJES CAER TU ORGULLO...

No dejes caer tu orgullo,
no avances desnuda
y tierna hacia sus brazos;
deja caer tus lágrimas:
ellas no han visto el mundo
y nunca han juzgado.

Al puro corazón del niño sería fácil y simple
seguir huellas de dicha:
mas nuestras almas sólo pueden temblar.
Para quien vio lo sucio en la breve primavera del goce
no queda otra cosa
que hirviendo, congelarse.

TVÅ VÄGAR

Du skall överge din gamla väg,
din väg är smutsig:
där gå män med lystna blickar
och ordet: lycka! Hör du från alla läppar
och längre fram på vägen ligger en kvinnas kropp
och gamarna slita den sönder.

Du har funnit din nya väg,
din väg är ren:
där gå moderlösa barn och leka med vallmoblommor,
där gå kvinnor i svart och tala om sorg
och längre fram på vägen står ett blekt helgon
med foten på en död drakes nacke.

DOS SENDAS

Abandonarás tu vieja senda,
tu senda es turbia:
allí caminan hombres de miradas astutas
y la palabra "dicha" oyes en todos los labios
y más allá, en la senda, yace un cuerpo de mujer
y los buitres lo deshacen.

Has encontrado tu nueva senda,
tu senda es limpia:
allí hay niños sin madre, juegan con amapolas,
las mujeres de negro hablan sobre una pena
y más allá, en la senda, hay un pálido santo
con el pie sobre el cuello de un muerto dragón.

LIVETS SYSTER

Livet liknar döden mest, sin syster.
Döden är icke annorlunda,
du kan smeka henne och hålla hennes hand,
                        och släta hennes hår,
hon skall räcka dig en blomma och le.
Du kan borra in ditt ansite i hennes bröst
och höra henne säga: det är tid att gå.
Hon skall icke säga dig att hon är en annan.
Döden ligger icke grönvit med ansiktet mot
                        marken
eller på rygg på en vit bår:
döden går omkring med skära kinder och
                        talar med alla.
Döden har veka drag och fromma kinder,
på ditt hjärta lägger hon sin mjuka hand.
Den som känt den mjuka handen på sitt hjärta
honom värmer icke solen,
han är kall som is och älskar ingen.

LA HERMANA DE LA VIDA

La vida se parece a la muerte, su hermana.
La muerte no es distinta;
puedes acariciarla, tomar su mano y alisar su pelo,
ella te sonreirá y te dará una flor.
Puedes hundir tu rostro en su pecho
y escucharla decir: es tiempo de partir.
Ella no ha de decirte que es otra.
No yace la muerte con el rostro verdoso hacia la tierra,
ni se acuesta de espaldas en la blanca camilla:
la muerte anda cerca con rosadas mejillas y habla con todos.
La muerte tiene rasgos finos y sanas mejillas,
sobre tu corazón pone su mano tierna.
A quien sintió su mano suave sobre el corazón,
a él el sol no lo ha de calentar:
ese es frío como el hielo y nadie ama.

DEN SÖRJANDE TRÄDGÅRDEN

Ack, att fönster se och väggar minnas,
att en trädgård kan stå och sörja
och ett träd kan vända sig om och fråga:
Vem har icke kommit och vad är icke väl,
varför är tomheten tung och säger ingenting?
De bittra nejlikorna sluta upp vid vägen,
där granens dunkel bliver outgrundligt.

EL JARDÍN DE LUTO

Ah, ver esa ventana
y recordar paredes,
que un jardín pueda guardar luto
y que un árbol se vuelva y nos pregunte:
¿Quién es que no ha venido y qué lo que está mal,
por qué el vacío es pesado y no dice nada?
Los amargos claveles reunidos en la senda
donde está la penumbra del abeto, insondable.

LIVET

Jag, min egen fånge, säger så:
livet är icke våren, klädd i ljusgrön sammet,
eller en smekning, den man sällan får,
livet är icke ett beslut att gå
eller två vita armar, som hålla en kvar.
Livet är den trånga ringen som håller oss fången,
den osynliga kretsen, vi aldrig överträda,
livet är den nära lyckan som går oss förbi,
och tusende steg vi icke förmå oss att göra.
Livet är att förakta sig själv
och ligga orörlig på bottnen av en brunn
och veta att solen skiner däruppe
och gyllene fåglar flyga genom luften
och de pilsnabba dagarna skjuta förbi.
Livet är att vara en främling för sig själv
och en ny mask för vaje annan som kommer.
Livet är att handskas vårdslöst med sin egen lycka
och att stöta bort det enda ögonblicket,
livet är att tro sig vara svag och icke våga.

LA VIDA

Yo, prisionera de mí, digo: la vida
no es la primavera, vestida en terciopelo verde claro,
o una caricia que poco se recibe;
no es la vida decreto de partir
o los dos brazos blancos que a uno lo retienen.
La vida es el estrecho anillo que aprisiona,
el círculo invisible, que nunca atravesamos,
es la dicha cercana que ha pasado de lado,
y los miles de pasos que no hemos emprendido.
La vida es despreciarse
y es yacer inmóvil en el fondo de un pozo
y saber que el sol brilla allá en la superficie
y pájaros dorados que vuelan por el aire
y días como flechas que pasan junto a ti.
Es breve el saludar e irse a casa a dormir...
La vida es ser para sí misma una extraña
y una máscara nueva para todo el que llega.
La vida es maltratar la propia dicha
y rechazar ese único momento,
la vida es creer que uno es débil y no puede.

HELVETET

O vad helvetet är härligt!
I helvetet talar ingen om döden.
Helvetet är murat i jordens innandöme
och smyckat med glödande blommor...
I helvetet säger ingen ett tomt ord...
I helvetet har ingen druckit och ingen har sovit
och ingen vilar och ingen sitter stilla.
I helvetet talar ingen, men alla skrika,
där äro tårar icke tårar och alla sorger äro
                                    utan kraft.
I helvetet blir ingen sjuk och ingen tröttnar.
Helvetet är oföränderligt och evigt.

EL INFIERNO

¡Oh, qué delicioso es el infierno!
Nadie habla de la muerte en el infierno.
Infierno amurallado en lo hondo de la tierra
y adornado de flores incandescentes...
Nadie dice una palabra vana en el infierno...
En el infierno nadie ha bebido o dormido,
nadie descansa y nadie se está quieto.
Nadie habla en el infierno, todos gritan,
la lágrima no es lágrima y toda pena inútil.
Nadie se enferma ni se agota en el infierno.
El infierno es inmutable y eterno.

DEN SPEGLANDE BRUNNEN

Ödet sade: vit skall du leva eller röd skall du dö!
Men mitt hjärta beslöt: röd skall jag leva.
Nu bor jag i landet, där allt är ditt,
döden träder aldrig in i detta rike.
Hela dagen sitter jag med armen vilande på brunnens marmorrand,
när man frågar mig, om lyckan varit här,
skakar jag på huvudet och ler:
lyckan är långt borta, där sitter en ung kvinna och sömmar ett barnatäcke,
lyckan är långt borta, där går en man i skogen och timrar sig en stuga.
Här växer röda rosor kring bottenlösa brunnar,
här spegla sköna dagar sina leende drag
och stora blommor förlora sina skönaste blad...

EL POZO ESPEJEANTE

Dijo el destino: ¡blanca has de vivir o roja has de morir!
Pero mi corazón ha decidido: roja he de vivir.
Ahora vivo en la tierra donde todo es tuyo,
la muerte no entra nunca en este reino.
Todo el día descansa mi brazo en el borde de mármol del pozo;
me preguntan si ha estado aquí la dicha;
yo sacudo la cabeza y sonrío:
la dicha está muy lejos, hay un hombre en el bosque construyendo una cabaña.
Aquí crecen rosas rojas en torno a pozos sin fondo,
aquí los días bellos espejean sus rasgos sonrientes
y grandes flores pierden sus más bellas hojas...

Lira de Septiembre (1918)

LANDSKAP I SOLNEDGÅNG

Se i solnedgången
simmande eldöar tåga
imperialt över gräddgröna hav.
Öar i brand! Öar som facklor!
Öar i segertåg!
Upp ur djupen blixtrar svart en skog
dolskt, avundsjukt - hänryckt, radande sig, triumf till triumf...
Arma strimmor skog i bleka töcken
gripas, upphöjas - förena sig till majestät.

Gloria! Seger!
Knäböjen, lejonvidunder,
i världens skumma hörn.
Dagen går tronande till ända...
Ljusets trådar klippa osynliga händer av

PAISAJE EN EL OCASO

Ved, a la caída del sol,
desfilar nadando islas de fuego
de manera imperial sobre el mar verde-crema.
¡Islas incendiadas! ¡Islas como antorchas!
¡Islas en desfile triunfal!
De lo profundo sube relampagueando, negro, un bosque
solapado, envidioso –espasmódicamente, en fila, desde un triunfo a otro...

Pobres estrías de bosque en niebla pálida
son agarradas, elevadas: se unen a lo majestuoso.
¡Gloria! ¡Victoria!
Genuflexiones, leones milagrosos
en espumosos rincones del mundo.
Tronando va el día hacia su final...
Los hilos de la luz cercenan manos invisibles.

VID NIETZSCHES GRAV

Den store jägaren är död...
Hans grav draperar jag med varma blomgardiner...
Kyssande den kalla stenen, säger jag:
här är ditt första barn i glädjetårar.
Gäckande sitter jag på din grav
såsom ett hån – skönare än du drömt dig.
Sällsamma fader!
Dina barn avika dig ej,
de komma över jorden med gudasteg,
gnuggande sig i övonen: var är jag väl?
Nej, riktigt... här är min plats,
här är min faders förfallna grav...
Gudar – hällen evig vakt på detta ställe

(September 1918)

JUNTO A LA TUMBA DE NIETSZCHE

Muerto el gran cazador...
Su tumba visto de cálidas cortinas de flores...
Besando helada piedra, digo:
he aquí tu primogénita con lágrimas de dicha.
Desafiante estoy yo sobre tu tumba
como burla: más bello de lo que tú soñaras.
¡Padre extraño!
Tus hijos no te han de traicionar,
Con el porte de dioses andarán por el mundo,
restregando sus ojos: ¿dónde estoy?
No, realmente...aquí, éste es mi sitio,
aquí está la tumba destruida de mi padre...
Dioses: guardia eterna brindad a este lugar.

(Septiembre de 1918)

SAMLEN ICKE GULD OCH ÄDELSTENAR

Människor,
samlen icke guld och ädelstenar:
fyllen edra hjärtan med längtan,
som bränner likt glödande kol.
Stjälen rubiner ur änglarnas blick,
dricken kallt vatten ur djävulens pöl.
Människor, samlen icke skatter
som göra er till tiggare;
samlen rikedomar
som giva er konungamakt.
Skänken edra barn en skönhet
den människoögon ej sett,
skänken edra barn en kraft
att bryta himlens portar upp.

ORO Y PIEDRAS PRECIOSAS NO JUNTÉIS

Humanos,
oro y piedras preciosas no juntéis :
llenad los corazones de deseo,
que queme como carbón ardiente.
Rubíes robad de miradas de ángeles,
agua fría bebed de los pozos del diablo.
Humanos, tesoros no juntéis
que os harán mendigos;
riquezas juntad
que os den poder real.
A vuestros hijos entregad la belleza
que los ojos humanos nunca vieron,
entregad a los hijos la energía
que a las puertas del cielo ha de vencer.

LJUSFÄLTEN

Jag har krafter. Jag fruktar ingenting.
Ljus är himlen för mig.
Går världen under -
jag går icke under.
Mina ljusa horisonter stå
över jordens stormande natt.
Träden fram ur det gåtfulla ljusfält!
Oböjlig väntar min kraft.

(September 1918)

LOS CAMPOS DE LUZ

Tengo fuerza. Yo no temo a nada.
La luz es el cielo para mí.
Si el mundo se desploma,
yo no me desplomo.
Se yerguen mis claros horizontes
sobre la noche tormentosa en la tierra.
¡Salid del misterioso campo de la luz!
Indoblegable espera mi fuerza.

(Septiembre 1918)

TJUREN

Var dröjer tjuren?
Min karaktär är en röd duk.
Ser jag ej blodsprängda ögon,
hör jag ej korta, flämtande andetag,
skälver ej marken under rasande hovar?
Nej.
Tjuren går utan horn;
han står vid krubban
och tuggar envist sitt sega hö.
Ostraffat fladdrar den rödaste duken för vinden.

EL TORO

¿Dónde está el toro?
Mi carácter es un paño rojo.
¿No veo acaso unos ojos inyectados,
no oigo una breve respiración jadeante,
no tiembla el suelo bajo furiosos cascos?
No.
El toro anda sin astas;
está en el pesebre
y terco mastica su heno seco.
Intacto flamea al viento el más rojo de los paños.

MÅNENS HEMLIGHET

Månen vet ... att blod skall gjutas här i natt.
På kopparbanor över sjön går en visshet fram:
lik skola ligga bland alarna på en underskön strand.
Månen skall kasta sitt skönaste ljus på den sällsamma stranden.
Vinden skall gå som ett väckarehorn mellan tallarna:
Vad jorden är skön i denna ensliga stund.

EL SECRETO DE LA LUNA

La luna sabe... se ha de derramar sangre esta noche.
Por sendas de cobre, sobre el mar, una verdad avanza:
como si en bellísima playa entre álamos yaciese.
Su luz más hermosa arrojará la luna sobre la extraña playa.
El viento irá cual cuerno de alerta entre los pinos:
Qué bello el mundo en este solo instante.

de **EL ALTAR DE ROSAS (1919)**

MINA KONSTGJORDA BLOMMOR

Mina konstgjorda blommor
sänder jag hem till dig.
Mina små bronslejon
ställer jag upp vid din dörr.
Själv sitter jag nere på trappan -
en borttappad österländsk pärla
i storstadens brusande hav.

MIS FLORES ARTIFICIALES

A tu casa envío mis
flores artificiales.
Dejo mis pequeños leones
de bronce frente a tu puerta.
Yo misma me siento en la escalera
-una perdida perla del Oriente
en el mar rumoroso de la gran ciudad.

TILL FOTS GICK JAG GENOM SOLSYSTEMEN

Till fots
fick jag gå genom solsystemen,
innan jag fann den första tråden av min röda dräkt.
Jag anar ren mig själv.
Någonstädes i rymden hänger mitt hjärta,
gnistor strömma ifrån det, skakande luften,
till andra måttlösa hjärtan.

A PIE TUVE QUE IR A TRAVÉS DE SISTEMAS SOLARES

A pie
tuve que ir a través de sistemas solares
antes de haber hallado el primer hilo rojo de mi vestido rojo.
Pura me considero a mí misma.
Cuelga mi corazón en el espacio,
las chispas surgen de él, hacen temblar el aire,
hacia otros desmedidos corazones.

BOTGÖRARNE

Vi skola göra bot i de ensama skogarna.
Vi skoka tända enstaka ljus över hedarna.
Vi skola resa oss – en efter en.
När en gång vi likna varandra som syskon
i kraft och förnämhet -
då gå vi till folket.

LOS PENITENTES

Haríamos penitencia en bosques solitarios.
Encendíamos fuegos en los páramos.
Habríamos de levantarnos uno a uno.
El día que fuésemos iguales como hermanos
en fuerza y distinción:
entonces iríamos a la gente.

I MÖRKRET

Jag fann ej kärleken. Jag mötte ingen.
Skälvande gick jag förbi Zarathustras grav i höstliga nätter:
vem hör mig mer på jorden?
Då lade sig lätt en arm om mitt liv -
jag fann en syster...
Jag rycker henne i de gyllne lockarna -
är det du omöjliga?
Är det du?
Tvivlande blickar jag henne i ansiktet...
Leka gudarna så med oss?

EN LA OSCURIDAD

No hallé el amor. No me encontré con nadie.
En noches otoñales pasé temblando junto a la tumba de Zarathustra:
¿quién más me oye en la tierra?
Un leve brazo entonces se apoyó en mi vida:
encontré una hermana...
Jugueteo con sus rizos dorados:
¿eres tú, la imposible?
¿Eres tú?
Confundida, miro su rostro...
¿Así juegan los dioses con nosotros?

ALLA EKON I SKOGEN

Nej, nej, nej, ropa alla ekon i skogen:
jag har ingen syster.
Jag går och lyfter upp hennes vita sidendräkt
och omfamnar den maktlöst.
Jag kysser dig, all min lidelse lägger jag i dig,
du tanklösa väv,
minns du hennes rosiga lemmar?
Hennes skor stå kvar i solskenet,
gudarna värma sina händer därvid.
Fall snö över min systers kvarlevor.
Yr över dem snöstorm ditt bittertunga hjärta.
Med rysning skall jag beträda detta ställe,
såsom den otäcka plats där skönheten begrovs.

TODOS LOS ECOS DEL BOSQUE

No, no, no, gritan todos los ecos del bosque:
no tengo una hermana.
Voy y tomo su blanco vestido de seda
y lo abrazo, impotente.
Yo te beso, dejo toda mi pasión en ti,
tú, tejido irracional,
¿recuerdas sus rosados miembros?
Sus zapatos han quedado al sol,
los dioses calientan sus manos.
Sobre sus restos ha caído la nieve.
Sobre ellos gira, tormenta de nieve, tu pesado y amargo corazón.
Con un escalofrío, entraré a este lugar,
como al siniestro sitio donde ha sido enterrada la belleza.

SYSTERN

Jag hade en gång en syster, ett gyllene barn.
I staden försvann hon för mig i mängden.

Ser jag bland svarta granar
ungbjörken skaka sina gyllne lockar,
minns jag min syster.

Står hon storögd bland träden
med klappande hjärta,
sträcker hon ut sina händer mot mig?

Syster, min syster, vart förde de dig?
Vilka vällustdrömmar kan du drömma
på trötta bäddar?

Hjältebarn, lyckobarn!
Vi vänta tillsammans
på sagornas dag.

LA HERMANA

Tuve una vez hermana, una niña dorada.
La perdí en la ciudad, entre la multitud.

Si veo entre negras ramas
que el joven abedul mueve dorados rizos,
yo recuerdo a mi hermana.

¿Está ella, entre árboles, con ojos muy abiertos,
de inquieto corazón,
extendiendo sus manos hacia mí?

Hermana, hermana mía, ¿adónde te han llevado?
¿Qué sueños de lujuria has de soñar
en extenuados lechos?

¡Niña heroica, feliz!
Juntas esperaremos
el día de las leyendas.

ROSOR

Världen är min.
Vartän jag går
karstar jag rosor åt alla.
Konstnären älskar varje marmoröra som uppfattar hans ord.
Vad är mig smärta, elände?
Allt störtade tillsammans med ett brak:
jag sjunger.
Så stiger smärtans stora hymn ur lyckligt bröst.

ROSAS

El mundo es mío.
Por donde vaya
arrojo a todos rosas.
Ama el artista todo oído de mármol que comprenda su voz.

¿Qué es para mí dolor, miseria?
Todo se desplomó a la vez con estruendo:
yo canto.
Así sube el gran himno del dolor de un pecho feliz.

de LA SOMBRA DEL FUTURO (1920)

MYSTERIET

Leksaker äro alla människor.
Leksak var jag själv i går.
I dag är jag den som öppnar mysteriet.
Jag vill att alla skola komma till mig,
jag vill att alla skola höra hur mitt hjärta slår.
Eld och blod och framtidens smörjelse skolen I mottaga ur mina händer.
Hela mänskligheten vill jag viga åt framtiden.
Mina flammande rader skall varje barn läsa.
Jag skall omvända alla till en heligare gud.
All vidskepelse vill jag sopa ut med en ljudlös kvast,
all litenhet vill jag hånande döda.
Eder stora orm vill jag stiga uppå; hans huvud vill jag stinga med mitt
svärd.
O du mitt goda svärd, som jag har fått från himlen, jag kysser dig.
Du skall vila
innan jorden är en trädgård, där gudarna drömma vid underbara bägare.

EL MISTERIO

Juguetes son todos los hombres.
Juguete fui yo misma ayer.
Hoy soy yo quien abre el misterio.
Quiero que todos vengan hasta mí,
quiero que todos oigan latir mi corazón.
Fuego y sangre y óleos del futuro habrían de recibir de mis manos.
Quiero a toda la humanidad consagrar al futuro.
Que cada niño lea mis ardientes líneas.
Convertiré a todos en un dios sagrado.
Toda superstición quiero barrer con silenciosa escoba;
con burla, mataré la nimiedad.
En vuestra gran serpiente he de montar; quiero cortar su cabeza con mi
espada.
Oh tú, mi buena espada, que me han dado en el cielo, yo te beso.
Tú no descansarás
antes de que la tierra sea un jardín, donde los dioses sueñen junto a
[maravillosos cálices.

TANTALUS, FYLL DIN BÄGARE

Är detta dikter? Nej, det är trasor, smulor,
vardagens papperslappar.
Tantalus, fyll din bägare.
Omöjlighet, omöjlighet,
döende kastar jag en gång kransen från mina lockar i din eviga tomhet.

LLENA TU CÁLIZ, TÁNTALO

¿Son éstos poemas? No, son harapos, migas,
son papeles del día cotidiano.
Llena tu cáliz, Tántalo.
Imposibilidad, imposibilidad;
moribunda arrojo la diadema de mis rizos en tu eterno vacío.

NÄTET

Jag har nätet i vilket alla fiskar gå.
Saligt häver sig fiskerskans lugna bröst
då hon drager till sig den silverne last.
Jordens rikedom lyfter jag upp på mina axlar.
Jag bär er, jag bär er till en sagodamm.
Uppe på stranden står en fiskare med gyllene metspö.
Det finnes någonstädes gudar bakom de tätaste skogarna,
vi irrande människobarn vilja ingen annanstädes än dit.
Upp att söka framtidens flammande sol bortom skogen.

LA RED

Poseo la red donde van a parar todos los peces.
Bienaventurado sube el pecho calmo de la pescadora
cuando atrae hacia sí esa carga plateada.
Yo levanto tesoros de la tierra en mis hombros.
Yo los cargo, los llevo a un estanque de ensueño.
En la playa, un pescador con una caña de oro.

Tras los bosques más densos, en algún sitio, hay dioses;
nosotros, los perdidos seres humanos, no deseamos llegar a otro sitio
sino a ese.
Buscando el sol ardiente del futuro más allá de los bosques.

EROS HEMLIGHET

Jag lever rött. Jag lever mitt blod.
Jag har icke förnekat Eros.
Mina röda läppar brinna på dina kalla offerhällar.
Jag känner dig, Eros -
du är icke man och kvinna,
du är den kraft,
som sitter nedhukad i templet,
för att resande sig, vildare än ett skrän,
häftigare än en slungad sten,
slunga ut förkunnelsens träffande ord över världen
ur det allsmäktiga templets dörr.

EL SECRETO DE EROS

Yo vivo rojo. Yo vivo mi sangre.
Yo no he negado a Eros.
Mis labios rojos arden en tus frías piedras sacrificiales.
Yo te conozco, Eros:
no eres mujer ni hombre,
eres esa energía
que se inclina en el templo,
para elevarse más salvaje que un tumulto,
más ligera que piedra que se arroja,
que palabras certeras de la prédica al mundo
desde los invencibles portales del templo.

EROS SKAPAR VÄRLDEN NY

Eros skapar världen ny.
Mullen i hans hand är full av under,
Eros ser ej människornas små strider,
hur solar och månar fullända sina banor
ser han med brinnande blick.
De äro så nära hans havande själ,
vad drömmer hans vilda håg?
Stjärnorna löpa sjungande sina banor,
men på Eros panna gry redan eviga underverk.
Den unga jätten anar ren den stora blinda saga,
han åter en gång spelar.

EROS CREA DE NUEVO EL MUNDO

Eros crea de nuevo el mundo.
La tierra en su mano está llena de milagros,
Eros no ve las míseras luchas del hombre,
cómo soles y lunas completan sus órbitas:
él los ve con los ardientes ojos.
Están tan cercanos de su preñada alma,
¿qué sueña su salvaje pensamiento?
Corren cantando estrellas en sus órbitas,
mas ya en la frente de Eros nacen nuevos milagros.
El joven titán sabe del gran cuento ciego,
él juega otra vez.

INSTINKT

Min kropp är ett mysterium.
Så länge detta bräckliga ting lever
skolen I känna dess makt.
Jag skall frälsa världen.
Därför ilar Eros blod i mina läppar
och Eros guld i mina trötta lockar.
Jag behöver blott skåda,
trött eller olustig: jorden är min.

Då jag ligger trött på mitt läger,
vet jag: i denna tröttande hand är världens öde.
Det är makten, som darrar i min sko,
det är makten, som rör sig i min klännings veck,
det är makten, för vilken ej avgrund finns, som står framför eder.

INSTINTO

Mi cuerpo es un misterio.
Mientras viva esta cosa quebradiza
sentiréis su poder.
Yo salvaré el mundo.
Por eso sangre de Eros en mis labios se apura
y hay oro de Eros en mis cansados rizos.
Tan sólo presenciar,
cansada o desganada: mía es la tierra.
Cuando yazgo agotada en mi lecho
sé: el destino del mundo está en mi mano.
Es el poder vibrando en mi zapato,
es el poder que se mueve en el pliegue de mi vestido,
es el poder, que no conoce abismo, que está frente a vosotros.

MATERIALISMO

För att icke dö måste yag vara viljan till makt.
För att undgå atomernas kamp under upplösning.
Jag är en kemisk massa. Jag vet så väl,
jag tror icke på sken och själ,
lekarnas lek är mig så främmande.
Lekarnas lek, jag leker dig och tror ej ett ögonblick.
Lekarnas lek, du smakar gott, du doftar underbart,
dock finnes ingen själ och har det aldrig funnits någon själ.
Det är sken, sken, sken och idel lek.

MATERIALISMO

Por no morir yo debo ser deseo de poder.
Para eludir la lucha de átomos disolviéndose.
Soy una masa química. Lo sé,
no creo en brillo y alma,
el juego de los juegos me es extraño.
Juego de los juegos, contigo juego y no creo ni un instante.
Juego de los juegos, bien sabes, hueles divinamente,
aunque no haya alma y nunca haya existido.
Es brillo, brillo, brillo y puro juego.

ANIMALISK HYMN

Den röda solen går upp
utan tankar
och är lika mot alla.
Vi fröjda oss åt solen såsom barn.
Det kommer en dag då vårt stoft skall sönderfalla,
det är detsamma när det sker.
Nu lyser solen in i våra hjärtans innersta vrå
fyllande allt med tanklöshet
stark som skogen, vintern och havet.

HIMNO ANIMAL

Sube el sol rojo
sin pensamientos
y es igual para todos.
Disfrutamos del sol como los niños.
Vendrá un día en que estemos destruidos,
no importa cuándo.
Ahora brilla el sol en los rincones íntimos de nuestro corazón
llenando todo con descuido,
fuerte como el bosque, el invierno y el mar.

de EL PAÍS QUE NO ES (1925)

ROSEN

Jag är skön, ty jag har vuxit i min älskades trädgård.
Jag stod i vårregn och fick dricka längtan,
jag stod i solen och fick glöd -
nu står jag öppen och väntar.

LA ROSA

Soy bella, porque crecí en el jardín de mi amado.
Estuve bajo la lluvia de primavera y bebí la nostalgia,
estuve al sol y tuve que beber de la brasa:
ahora estoy abierta y aquí espero.

OM HÖSTEN

Nu är det höst och de gyllene fåglarna
flyga alla hem över djupblå vatten;
på stranden sitter jag och stirrar i det granna glittret
och avskedet susar genom grenarna.
Avskedet är stort, skilsmässan förestående,
men återseendet är visst.
Därför blir sömnen lätt när jag somnar med armen under huvudet.
Jag känner en moders andedräkt på mina ögon
och en moders mun mot mitt hjärta:
sov och slumra mitt barn, ty solen är borta.

EN OTOÑO

Ahora es otoño y pájaros dorados
vuelan a casa sobre agua azul profundo;
en la orilla estoy yo y estoy mirando el brillo;
a través de las ramas zumba la despedida.
La despedida es grande, permanente el divorcio,
pero cierto el reencuentro.
Por eso el sueño es leve cuando duermo reclinada en mi brazo.
De una madre el aliento noto sobre mis ojos
y una boca de madre sobre mi corazón:
adormécete, niña, porque ya partió el sol.

BRUDEN

Min krets är trång och mina tankars ring
går kring mitt finger.
Det ligger något varmt på grunden av allt det främmande omkring mig,
som den svaga doften i näckrosens kalk.
Tusende äpplen hänga i min faders trädgård,
runda och avslutade i sig själva -
så har mitt obestämda liv ock blivit
utformat, rundat, svällande och slätt och - enkelt.
Trång är min krets och mina tankars ring
går kring mitt finger.

LA NOVIA

Mi órbita es estrecha y el anillo de mis pensamientos
llevo en mi dedo.
Algo caliente hay en el fondo de todo lo extraño a mi alrededor,
como el leve aroma de cáliz de nenúfar.
En el jardín paterno cuelgan mil manzanas,
redondas y completas en sí mismas:
mi indecisa vida ha sido así
formada, redondeada, hinchada y alisada: simplemente.
Estrecha es mi órbita y el anillo de mis pensamientos
llevo en mi dedo.

Till Eros

Eros, du grymmaste av alla gudar,
varför förde du mig till det mörka landet?
När flickebarnen växa till
bliva de utestängda från ljuset
och kastade i ett mörkt rum.
Svävade icke min själ som en lycklig stjärna
innan den blev dragen i din röda ring?
Se, jag är bunden till händer och fötter,
känn, jag är tvungen till alla mina tankar.
Eros, du grymmaste av alla gudar:
jag flyr icke, jag väntar icke,
jag lider endast som ett djur.

A Eros

Eros, tú que eres el más cruel entre los dioses,
¿por qué me has conducido a tierra oscura?
Cuando la niña crece
le es negada la luz
y es arrojada a cuarto oscuro.
¿No flotaba mi alma como dichosa estrella
antes de que tu anillo rojo la atrapase?
Mira, amarrada estoy de pies y manos,
siente, todos mis pensamientos me subyugan.
Eros, tú que eres el más cruel entre los dioses:
yo no huyo, no espero,
sólo padezco como un animal.

Min Framtid

Ett nyckfullt ögonblick
stal mig min framtid,
den tillfälligt hoptimrade.

Jag skall bygga den upp mycket skönare
såsom jag tänkt den från början.
Jag skall bygga den upp på den fasta marken
som heter min vilja.
Jag skall resa den upp på de höga pelare
som heta mina ideal.
Jag skall bygga den med en hemlig lönngång
som heter min själ.
Jag skall bygga den med ett högt torn
som heter ensamhet.

Mi Futuro

Un caprichoso instante
me robó mi futuro,
tallado provisorio.
Mucho más hermoso he de construirlo
como lo había pensado en el principio.
He de construirlo en la tierra firme
llamada voluntad.
He de construirlo sobre alta columna
llamada mi ideal.
He de construirlo con un pasadizo
que se llama mi alma.
He de construirlo con una alta torre
llamada soledad.

Sjuka Dagar

Trångt är mitt hjärta förvarat i en smal klyfta,
fjärran är mitt hjärta beläget
på en avlägsen ö.
Vita fåglar flyga fram och åter
och bringa budskap att mitt hjärta lever.
Jag vet - hur det lever
av kol och sand
på vassa stenar.
Jag ligger hela dagen och väntar på natten,
jag ligger hela natten och väntar på dagen,
jag ligger sjuk i paradisets trädgård.
Jag vet att jag icke blir frisk,
längtan och trånsjuka bli aldrig bättre.
Jag har feber som en kärrväxt,
jag svettas sötma som ett klibbigt blad.
På bottnen av min trädgård ligger en sömnig sjö.
Jag som älskar jorden
vet ingenting bättre än vattnet.
I vattnet falla alla mina tankar
dem ingen sett,
mina tankar dem jag icke vågar visa för någon.
Vattnet är fullt av hemligheter!

Días Enfermos

En una estrecha grieta mi corazón se encoge,
incrustado lejos está mi corazón
en una isla remota.
Vuelan blancos pájaros de ida y de vuelta,
traen el mensaje de que mi corazón vive.
Yo sé cómo está vivo:
en carbón y en arena,
sobre afiladas piedras.

Yazgo todo el día esperando la noche,
Yazgo toda la noche esperando el día,
yazgo enferma en jardín del paraíso.
Sé que no sanaré,
el deseo y el ansia nunca mejorarán.
Padezco como planta de pantano la fiebre,
sudo dulzura como una hoja pegajosa.

En mi jardín, al fondo, hay un lago con sueño.
Yo que amo la tierra,
no conozco nada que sea mejor que el agua.
En el agua caen todos mis pensamientos
que nadie ha visto,
pensamientos que a nadie me atrevo a revelar.
¡El agua está llena de secretos!

Ingenting

Var lugn, mitt barn, det finnes ingenting,
och allt är som du ser: skogen, röken och skenornas flykt.
Någonstädes långt borta i fjärran land
finnes en blåare himmel och en mur med rosor
eller en palm och en ljummare vind -
och det är allt.
Det finnes icke något mera än snön på granarnas gren.
Det finnes ingenting att kyssa med varma läppar,
och alla läppar bli med tiden svala.
Men du säger, mitt barn, att ditt hjärta är mäktigt,
och att leva förgäves är mindre än att dö.
Vad ville du döden? Känner du vämjelsen hans kläder sprida
och ingenting är äckligare än död för egen hand.
Vi böra älska livets långa timmar av sjukdom
och trånga år av längtan
såsom de korta ögonblick då öknen blommar.

Nada

Calma, mi niño, que ya no pasa nada,
todo es como lo ves: el bosque, el humo y la huida de los brillos.
En algún sitio, lejos, en un país lejano
hay un muro con rosas y un cielo más azul
o una palma y un viento más templado:
y eso es todo.
Nada más que la nieve en la rama del pino.
Nada hay para besar con los labios calientes,
y al pasar el tiempo todo labio se enfría.
Pero dices que tu corazón es poderoso, niño,
y vivir sin sentido es peor que morir.
¿Qué deseas de la muerte? Sientes la repugnancia que sus ropas difunden;
nada más repulsivo: morir por mano propia.
Deberíamos amar la larga enfermedad
y los años estrechos de nostalgia
como a breves instantes en que florece el páramo.

Landet Som Icke Är

Jag längtar till landet som icke är,
ty allting som är, är jag trött att begära.
Månen berättar mig i silverne runor
om landet som icke är.
Landet, där all vår önskan blir underbart uppfylld,
landet, där alla våra kedjor falla,
landet, där vi svalka vår sargade panna
i månens dagg.
Mitt liv var en het villa.
Men ett har jag funnit och ett har jag verkligen vunnit -
vägen till landet som icke är.

I landet som icke är
där går min älskade med gnistrande krona.
Vem är min älskade? Natten är mörk
och stjärnorna dallra till svar.
Vem är min älskade? Vad är hans namn?
Himlarna välva sig högre och högre,
och ett människobarn drunknar i ändlösa dimmor
och vet intet svar.
Men ett människobarn är ingenting annat än visshet.
Och det sträcker ut sina armar högre än alla himlar.
Och det kommer ett svar: Jag är den du älskar och alltid skall älska.

El País Que No Es

(primera versión)

Echo de menos el país que no es,
porque todo lo que es, me canso de desearlo.
Del país que no es me cuenta a mí la luna
en runas plateadas.
País en que el deseo bellamente se cumple,
país en donde ceden todas las cadenas,
País en que la frente herida se refresca
en rocío de luna.
Una ilusión ardiente fue mi vida.
Pero yo he encontrado y realmente he ganado
el camino que lleva al país que no es.
En el país que no es
allí pasa mi amado con corona brillante.
¿Quién es mi amado, pues? La noche es oscura
y tiemblan las estrellas en respuesta.
¿Quién es mi amado? ¿Cómo es que se llama?
Hacia arriba y arriba los cielos se dilatan,
y en infinitas nieblas un niño se está ahogando
sin saber la respuesta.
Pero un niño no es otra cosa que un sabio
que extiende sus brazos más allá de los cielos.
Y una respuesta llega: soy el que tú amas y al que siempre has de amar.

Landet Som Icke Är

Jag längtar till landet som icke är,
ty allting som är, är jag trött att begära.
Månen berättar mig i silverne runor
om landet som icke är.
Landet, där all vår önskan blir underbart uppfylld,
landet, där alla våra kedjor falla,
landet, där vi svalka vår sargade panna
i månens dagg.
Mitt liv var en het villa.
Men ett har jag funnit och ett har jag verkligen vunnit -
vägen till landet som icke är.

I landet som icke är
där går min älskade med gnistrande krona.
Vem är min älskade? Natten är mörk
och stjärnorna dallra till svar.
Vem är min älskade? Vad är hans namn?
Himlarna välva sig högre och högre,
och ett människobarn drunknar i ändlösa dimmor
och vet intet svar.
Men ett människobarn är ingenting annat än visshet.
Och det sträcker ut sina armar högre än alla himlar.
Och det kommer ett svar: Jag är den du älskar och alltid skall älska.

La Tierra Que No Existe

(segunda versión)

Yo extraño la tierra que no existe,
porque lo que existe, me canso de desearlo.
La luna me cuenta en runas plateadas
de la tierra que no es.
La tierra en que el deseo bellamente se cumple,
la tierra en donde caen todas las cadenas,
La tierra en que la frente herida se refresca
en rocío de luna.
Mi vida fue una ilusión ardiente.
Pero yo he encontrado y realmente ganado
-el camino a la tierra que no existe.
La tierra que no existe:
allí pasa mi amor con corona brillante.
¿Quién es mi amor? La noche es oscura
y tiemblan las estrellas en respuesta.
¿Quién es mi amor? ¿Cuál su nombre es?
Los cielos se arquean más y más,
y un niño se ahoga en bruma interminable
sin saber la respuesta.
Pero un niño no es más que sabiduría,
y extiende sus brazos más allá de los cielos.
Y llega una respuesta: Yo soy lo que tú amas y que siempre has de amar.

LA AUTORA

Edith Södergran (4 de abril de 1892 - 24 de junio de 1923), poeta Finlandesa de lengua sueca. La madre de la poesía nórdica actual. Con su modernismo trajo la libertad del verso, el ritmo y las imágenes en los años 20 a esa región.

Vivió una vida dura y corta debido a la tuberculosis pero su mal fue su bendición ya que adquirió un panorama de vanguardia y entró en contacto con los más grandes actores culturales y literarios europeos de la época mientras viajaba por los mejores hospitales en busca de alivio.

A pesar de haber muerto a los 31 años, su obra fue prolífica y pudo publicar "Dikter" (1916), Septemberlyran (1918), Rosenaltaret (1919), Framtidens skugga (1920) y el libro póstumo Landet som icke är (1925)

LA PROLOGUISTA

Francisca Alfaro nace en San Salvador el 10 de julio de 1984. Licenciada en Letras por la Universidad de El Salvador (UES). Algunos reconocimientos literarios son: Segundo Lugar en el Certamen Poético Universitario denominado: "Tu mundo en versos"(2008); Primer lugar en Los Juegos Florales de Zacatecoluca (2014) y Primer lugar en el Certamen Nacional Santa Tecla Activa (2015.) Fue miembro fundadora del Círculo de la Rosa Negra en 2003, y el Colectivo Literario Delira Cigarra de 2006 a 2011. En 2014 colabora con "Háblame de respeto" como guionista literaria del manga "15 segundos". Actualmente trabaja como docente en el Liceo Salvadoreño y la Universidad de El Salvador.

El TRADUCTOR

Roberto Mascaró es poeta nacido en Montevideo, Uruguay.

Ha publicado más de una decena de volúmenes de poesía y es el traductor de la obra de Tomas Tranströmer, Premio Nobel de Literatura 2011. Ha publicado más de treinta volúmenes de traducciones de obras de August Strindberg, Öyvind Fahlström, Ulf Eriksson, Anthony de Mello, Göran Sonnevi, Jan Erik Vold, Rabbe Enckell, Edith Södergran, Henry Parland, entre otros autores.